Janine Scott

Weltall

Ein Buch zum Lesen, Lernen & Hören

Velber
kinderbuch

Impressum

Text: Janine Scott
Übersetzung: Annalena Heber
Redaktion: Katrin Pertschy
Druck: Himmer AG
Satz: GrafikwerkFreiburg, Miguel Carvajal
Illustration: Dorothee Mahnkopf, Weldon Owen Pty Ltd
Tonstudio: Die Klangmacher, Augsburg

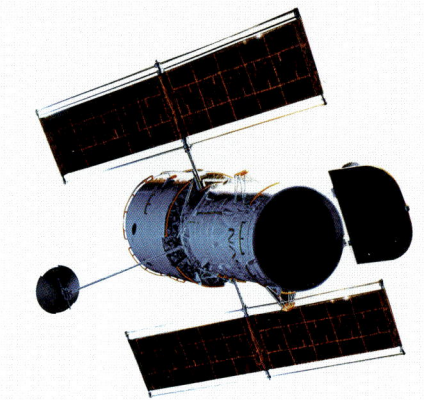

Rechte der deutschen Ausgabe:
© 2011 Christophorus Verlag GmbH & Co.KG, Freiburg i.Br.

ISBN: 978-3-8411-0082-5
Art.Nr.: VB110082

Bildnachweise

Photolibrary: S. 6 © (Tomatenpflanze); **NASA:** S. 9 © (Formationen)

So einfach kannst du Bücher mit Ting lesen und hören:

 **Zum Einschalten drückst du 2 Sekunden lang diesen Knopf. Wenn es geklappt hat, hörst du einen kurzen Ton.**

 **Danach tippst du mit der Spitze von TING auf den Punkt im inneren Kreis. Wieder hörst du einen kurzen Ton. Das machst du bei jedem neuen Buch wieder genauso.**

 **Los geht's. Jetzt kannst du mit TING dieses Buch lesen und wirst schöne Überraschungen erleben.**

Hinweis: Wenn du mehr über TING und weitere TING-Bücher wissen möchtest, frag einfach im Buchhandel oder schau im Internet unter www.ting.eu

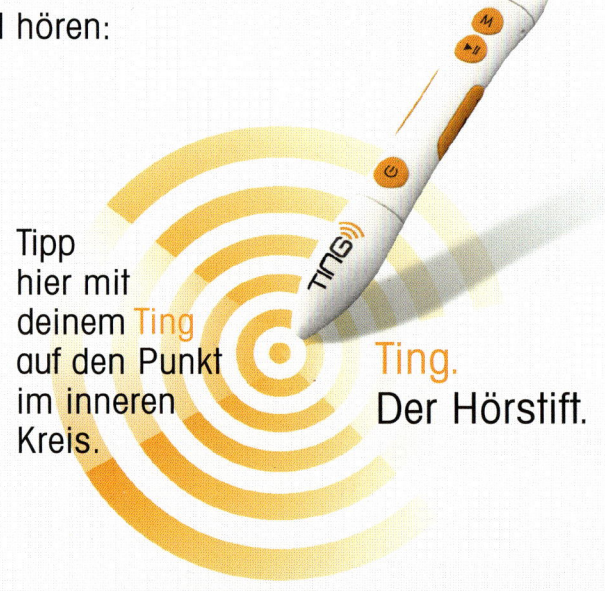

Tipp hier mit deinem Ting auf den Punkt im inneren Kreis.

Ting.
Der Hörstift.

Inhalt

In diesem Buch habe ich viele Geräusche und spannende Infos versteckt. Finde sie mit deinem TING-Stift!

Das Weltall

 Wenn wir mit einer Rakete ins Weltall fliegen, können wir Sonne, Mond und Erde sehen. Doch neben unserer Erde gibt es noch sieben weitere große Planeten. Und neben unserem Mond gibt es noch viele weitere Monde. Die Planeten und die Monde kreisen um unsere Sonne. Zusammen heißt das dann Sonnensystem.

 Wie lange brauchen die Planeten, um einmal um die Sonne zu wandern?

So lange brauchen die Planeten, um einmal die Sonne zu umrunden:

Wissen mit Biss

In den 1930er Jahren glaubte man einen neuen Planeten entdeckt zu haben. Er erhielt den Namen Pluto. Heute sind viele Wissenschaftler der Meinung, dass er kein richtiger Planet ist.

Saturn

Merkur: 88 Tage

Venus: 225 Tage

Erde: 365 Tage

Mars: 687 Tage

Jupiter: 12 Jahre

Saturn: 29 Jahre

Uranus: 84 Jahre

Neptun: 165 Jahre

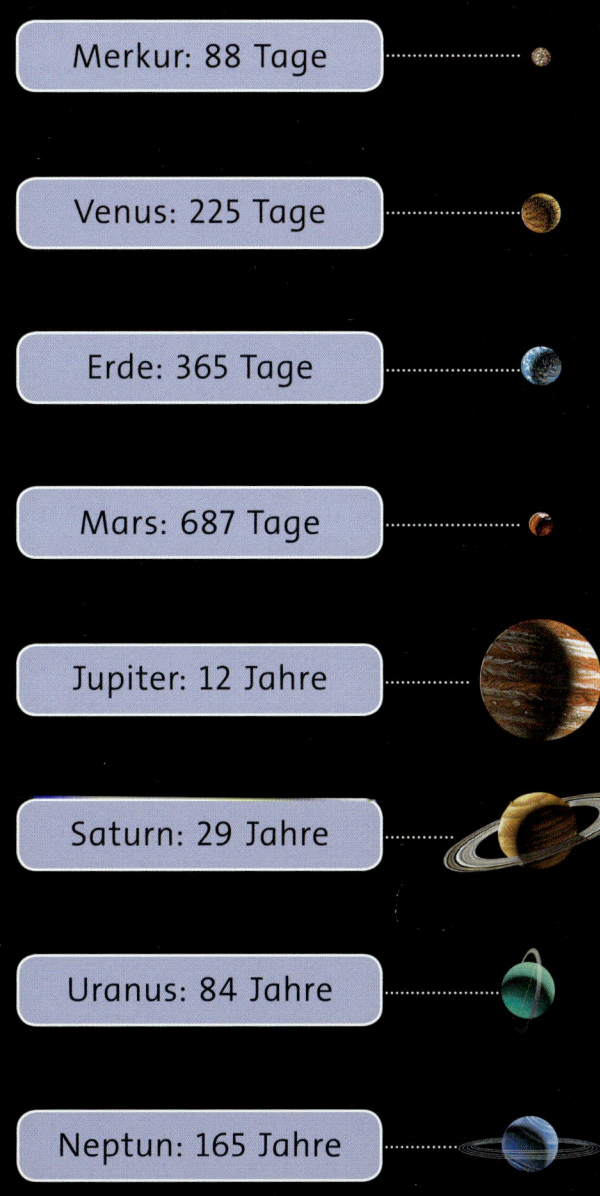

Die Sonne

Die Sonne besteht aus heißem Gas. Sie ist in der Mitte unseres Sonnensystems. Für die Erde ist die Sonne sehr wichtig. Die Sonne versorgt uns mit Wärme und Energie. Ohne sie gäbe es kein Leben auf der Erde.

Wissen mit Biss

Die Sonne hilft den Pflanzen zu wachsen und frisch zu bleiben. Die Pflanzen geben uns den Sauerstoff, den wir beim Einatmen brauchen. Wir Menschen essen Pflanzen außerdem. Ohne die Sonne und ohne Pflanzen würden wir sterben.

So sieht die Sonne innen aus:

Kern
Das Zentrum
der Sonne.
Hier wird Energie
erzeugt.

Sonnenfleck
Eine dunkle Stelle
an der Oberfläche
der Sonne.

Die oberste Schicht der
Sonne erzeugt das Licht,
das wir sehen.

Die Erde

Die Erdoberfläche besteht aus Wasser, Erde und Gestein. Der Großteil der Erde ist mit Wasser bedeckt. Auf unserer Erde und in unseren Meeren gibt es Millionen unterschiedlicher Pflanzen- und Tierarten.

Wissen mit Biss

Im Inneren der Erdkugel befindet sich heißes Metall. In der Mitte ist es sogar heißer als die Oberfläche der Sonne.

Unser Platz im Weltall

Das ist unsere Erde mit unserem Mond. Erde und Mond kreisen um die Sonne.

Das ist unser Sonnensystem. Neben der Erde kreisen sieben weitere Planeten um unsere Sonne.

Das ist die Milchstraße. Neben unserem Sonnensystem gehören noch viele weitere Sonnensysteme dazu. Die Milchstraße ist eine Galaxie.

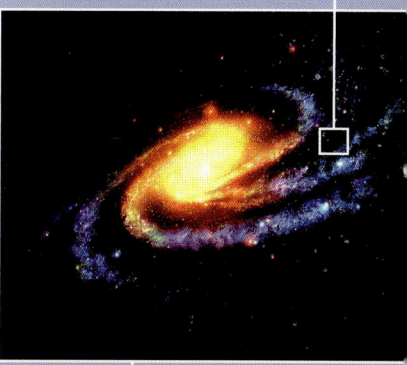

Das ist das Universum. Neben der Milchstraße gehören noch viele weitere Galaxien dazu. Etwa 100 Milliarden Galaxien!

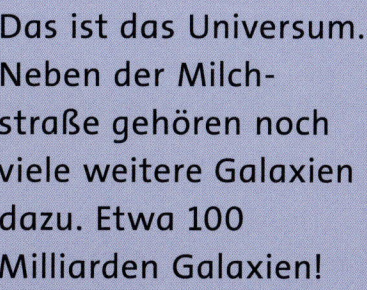

Der Mond

Unser Mond leuchtet wie eine große Lampe am Nachthimmel. Dabei besteht seine Oberfläche aus Felsgestein, ist öde und ohne Leben. Der Mond selbst leuchtet nicht. Wir sehen immer nur den Teil des Mondes, der von der Sonne angestrahlt wird. Der Mond wirft das Sonnenlicht zurück.

Am 20. Juli 1969 betraten Menschen zum ersten Mal den Mond. Ihre Fußabdrücke sind im Mondstaub immer noch sichtbar!

Wissen mit Biss

Von der Erde aus hat man den Eindruck, dass der Mond seine Form ändert. Aber der Mond hat immer die gleiche Form. Wir sehen nur den Teil des Mondes, der von der Sonne angestrahlt wird.

Mondfähre

Neumond

Zunehmende Mondsichel

Zunehmender Halbmond

Zunehmender Dreiviertelmond

Vollmond

Abnehmender Viertelmond

Abnehmender Halbmond

Abnehmende Mondsichel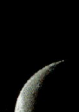

Weltall-Forschung

Ganz früher sahen Menschen nur leuchtende Punkte am Himmel. Sie wussten noch nichts über Sterne und Planeten. Um 1600 bekamen sie mithilfe von Teleskopen ein etwas genaueres Bild von den fernen Himmelskörpern. Heute können wir mit Raumschiffen ins Weltall fliegen und alles genau erforschen.

Mars-Rover

Warum nennt man Mars auch den „roten Planeten"?

Haupttank

Wissen mit Biss

Raumfähren können Menschen mehrere Male nutzen, um ins Weltall zu fliegen. Nur der Haupttank einer Raumfähre lässt sich nicht wieder verwerten.

Es gibt Fahrzeuge, die auf dem Mond oder dem Mars fahren können. Diese Fahrzeuge heißen Rover. Rover erkunden Orte, an denen der Mensch nicht überleben könnte. Ferngesteuerte Rover können auf dem Mars landen. Sie nehmen Fels- und Erdproben und machen Fotos.

Astronauten

 Astronauten reisen in Raumfähren ins Weltall. Das Wort „*Astro*" bedeutet Stern und „*naut*" bedeutet Seefahrer. Für Reparaturen im All müssen die Astronauten manchmal einen Spaziergang im Weltraum machen. Spezielle Anzüge und Helme verhindern, dass sie dabei erfrieren oder verbrennen.

An dem Helm sind Lampen. Die goldene Schicht am Sichtfenster wirkt wie eine Sonnenbrille.

Der Rucksack enthält Sauerstoff, Batterien und Essen. Er hält den Astronauten acht Stunden am Leben.

Toilettenpausen sind bei der Arbeit im All unmöglich! Deswegen trägt der Astronaut eine spezielle Windel.

Ein Raumanzug mit Rucksack wiegt etwa so viel wie ein erwachsener Mensch.

Der Astronaut trinkt Wasser aus einem Plastikbeutel am Helmansatz.

Ein Seil verbindet den Astronauten mit dem Raumschiff.

Eine spezielle innere Anzugschicht verhindert, dass der Astronaut überhitzt.

Stichwortliste